Foreword

This book is a collection of 150 of our favorite 'Shaers' that you have written from Jun'22-24. We love your daily dose of poetry and working on this book made us reassure how good you are at it.

We are proud of how you have challenged yourself to learn new things time to time, from driving to swimming and poetry.

May you continue exploring new avenues of celebrating life and leaving us amazed.

Love,
Vaibhav, Riddhi and Harshit

दिल-ए-जज़्बात

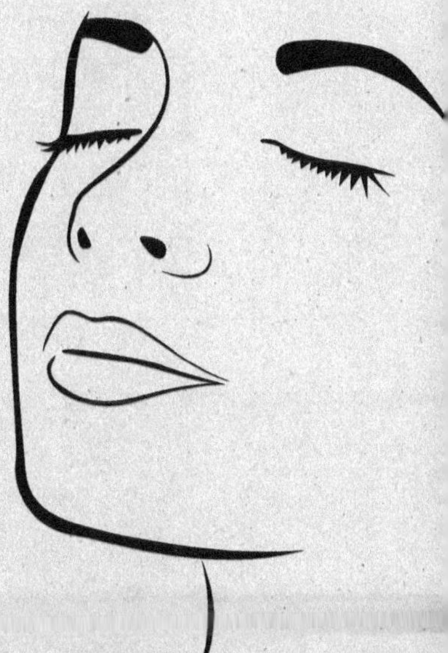

•मोहताज•

खामोश हैं हम तो ये ना समझना,के कोई अल्फाज़ नही,
तुझे दिल में महफूज़ रखा है,तेरी हर खता के मोहताज नहीं।

•सिहरन•

तन्हाई की सिहरन ने कुछ यूँ,
हमें आघोश में लिया,
इक तड़प ख़ामोश सी,
और अश्क़ शोर से।

•बेवजह•

ऐ बंदे तू खुद से दिल लगाने की गुस्ताखी कर,
बेवजह मुस्कराने की गुस्ताखी कर,
यूँ तो कई ग़म हैं ज़माने में,
तू हर ग़म को धुआं बनाने की गुस्ताखी कर,
कट जाएगा जिंदगी का हर लम्हा,
तू हर लम्हे को खुशी से जी जाने की गुस्ताखी कर।

• वजूद •

मेरा वजूद तेरे वजूद से कुछ इस तरह मुमिल हुआ,
तू मेरे दिल में और मैं तेरी दुआओं से मुख़ा।

• खुदगर्जी •

खुदगर्जी के बाजार में,
रिश्ता -ए उल्फत उलझ गया,
ना हम काफिर हुए, ना वो खुदा हुआ।

• भारी •

आज दिल है बहुत भारी,
कुछ ग़म सा सताए, इस दिल का हाल यारो किसको हम बताएं,
आंसुओं का बोझ भी आँखें उठा ना पाए,
चलकने को है आतुर ये आंसुओं की धारा,
डर है इन आंसुओं में कहीं हम ना डूब जाएं,
ढूंढती है तुमको ये भीगी पलके हमारी,
करो ना अब हमसे तुम बेग़ारी,
आज दिल है बहुत भारी, कुछ ग़म सा सताए,
इस दिल का हाल यारो किसको हम बताएं।

• इश्क़ •

इश्क़ की अदालत में हर जुर्म कबूल है,
बस सज़ा दिल से देना, दिमाग से नहीं।

• आंसू •

बहुत नायाब हैं ये आंसू,
छलक जाने पर भी ,
मोती से नजर आते हैं।

• आज क्या लिखूं? •

जाने आज मैं क्या लिखूं?
दिल की बात लिखूं, या कोई जज़्बात लिखूं?
खामोश निगाहों से, कोई अल्फ़ाज़ लिखूं?
या खुशी से झूमता, कोई अंदाज लिखूं?
लब खामोश और दिल तरन्नुम है,
हर शै आज, अपने आप में गुम है,
समझ में नहीं आए, कि क्या बात लिखूं,
जाने आज मैं क्या लिखूं?

• मन •

मन की गहरी में जो झांका, ना जाने, कितने अफसाने थे,
कुछ खुशियों अपनी, और कई ग़म बेगाने थे।

• इल्ज़ाम •

इश्क में इल्जाम सरेआम हो गया,
नजरे मिलाई तो कत्लेआम,
झुकाई तो हया का पैगाम हो गया।

• नज़र •

नज़र से नज़र मिली तो इकरार हो गया,
हम तो खामोश थे ना जाने फिर भी प्यार हो गया,
खामोश लब कुछ न कह सके,
नज़रों ने ही हाल-ए-दिल बयां कर दिया।
वो तेरा मुस्करा कर नज़र मिलाना और मेरा यूँ शर्मा कर,
नज़र उठाना एक दूसरे पे कातिलाना वार कर गया।

• गुमान •

हमें तो तेरी हर शै, हर बात पे गुमान है,
बस एक वक़्त ही न दे पाए हमें, उसका अरमान है।

• लहज़ा •

तुम्हारा हर लम्हा, हमारी जान ले लेगा,
बस एक बार मुस्कुरा कर देख लेते,
कमबख्त हम तो यूँ ही मर जाते।

• भावना •

भावनाओं में बहने से मिलता नहीं कोई हल,
रहती है जिसकी भावना सच्ची,
निखरती है उसकी किस्मत अच्छी।
रखोगे जो सच्चे दिल से भावना,
तो पूरी होगी हर कामना।
एक भाव ही भाव को दर्शाता है,
नहीं तो कौन किसको समझ पाता है।

• ख़ामोशी •

ख़ामोशी आज कुछ इस तरह सिहर उठी,
लब ख़ामोश थे, ओर आंखें बोल उठी।

• छाया •

आजकल ग़ैरों की क्या बात करें, अपनी परछाई भी रूठ जाती है,
कुछ पल साथ चलने के बाद, वो भी अंधेरों से घबराती है,
रखोगे जो रोशन प्रेम का दीया तो,
परछाई भी मरते दम तक साथ निभाती है।

• बेख़याल •

ख़यालों में भी एक ख़याल आया,
क्यों न हम बेख़याल हो जाएँ,
रखेगा जो ख़याल हमारा,
क्यों न उस पर हम निहाल हो जाएँ,
करेगा वही चाहत पूरी,
क्यों न उस पर ही हम क़ुर्बान हो जाएँ,
ख़यालों में भी एक ख़याल आया,
क्यों न हम बेख़याल हो जाएँ।

• नाराज़गी •

कभी-कभी नाराजगी भी जरूरी है।
प्यार से समझना, हर किसी के बस की बात नहीं।

• खुरेदना •

हर जख्म कुरेदा जाए ये जरूरी तो नहीं,
कुछ जख्मों को दफना देना ही अच्छा है,
ज़िंदगी हो जाएगी हसीन,
बस हर बात पे मुस्कुरा देना ही अच्छा है।

• शमा •

शाम होते ही शमा जलने लगती है,
कोई लब पे शिकवा न गिला बस यूँ ही सुलगती है,
करती है यूँ ही रोशन, सब को कभी महफ़िल में कभी वीराने में,
चले आते हैं तब परंवाने साथ शमा का यूँ ही निभाने,
जलना तो है शमा की किस्मत,
परवाने तो यूँ ही जल जाया करते हैं,
शमा के प्यार में वो पागल यूँ ही बेमौत मर जाया करते हैं।

• दर्द •

ये दर्द का एहसास तो आँसू करा देते हैं,
वरना हमने तो उसको भी दिल में पनाह दे रखी थी।

• महज़ •

महज़ एक शायरी नहीं लिखते दिल के हर राज लिखते हैं,
कुछ हकीकत, कुछ ख्वाब लिखते हैं,
आ जाए जो क़लम हाथ में,
कुछ अनकहे, कुछ कहे, अल्फ़ाज़ लिखते हैं।

• नफरत •

कोई दिल में उतर गया,
तो कोई दिल से उतर गया,
कोई प्रेम से भर गया,
तो कोई नफ़रत से घिर गया,
ये तो वक्त का पहिया है यारों,
कोई मिल गया,
तो कोई ना जाने किधर गया।

• सिसकियां •

ख़ामोश सिसकियों की आहट भी, ना जाने क्या रंग लाती है,
दिल को नासूर, और अश्क तन्हा कर जाती है।

• हया •

तेरी तस्वीर तेरा ख़्वाब,
तेरा नूर तेरा आफताब ,
तेरी शर्म तेरा शबाब ,
हया में छिपा जैसे एक गुलाब।

• आंसू •

ये आंसू भी कितने अजीब होते हैं,
ग़म और खुशी में फर्क नहीं समझते,
बस बहने को आतुर होते हैं,
दोनों सूरत में आंखें बोझिल और मन हल्का करते हैं।
ये आंसू भी कितने अजीब होते हैं,
ग़म में तो कितने बहा लिए आंसू अब खुशी में बहाना चाहते हैं,
ए मेरी आंख के आंसू तुझे अब मोती बनाना चाहते हैं।

• लाज़वाब •

लिखते है हम जो लफ्ज़ ,
वो अल्फाज़ बन जाते है,
कभी सही कभी बेहतर
तो कभी लाज़वाब बन जाते है।

• गुंजाइश •

मेरे अल्फाजों की ख्वाइश में,
कई आजमाइश अभी बाकी है,
दिल ए सकून है बस इतना,
की गुंजाइश अभी बाकी है।

• तनहा •

हर तन्हा दिल दुखी हो ये ज़रूरी तो नहीं,
कभी कभी खुद को, भी आजमाने का दिल करता है,
इस भीड़ भरी दुनिया में खुद को, पाने का दिल करता है,
इसलिए कभी कभी अपने सुकून को महफ़ूज़ कर लेते हैं,
और इस तन्हाई को दिल से कबूल कर लेते हैं।

• निराशा •

अल्फ़ाज़ों और सोच में जंग अभी जारी है,
कोई किसी की सोच से निराश,
तो कहीं अल्फ़ाज़ों का तरकश खाली है,
हार जीत के चक्कर में, दिल का तराजू डोल रहा है,
भावनाओं के बवंडर में, ना जाने क्या वो तोल रहा है।

• सुई धागा •

सुई धागे सा अपना नाता,
थोड़ी तकरार, और थोड़ा प्यार,
जैसे बाँध के रखते दोनों, मोती और फूलों का हार,
वैसे प्रेम के बंधन में बँध कर करेंगे अपने सपने साकार।

• मौन •

उनके मन में भी कुछ अल्फाज़ हैं,
उनके दिल में भी छिपे कई राज हैं,
माना कि उनकी ख़ामोशी कर देती है कभी घायल,
फिर भी वो दिल के आसपास हैं,
यूँ शिकवा न कर ए दिल उनसे, एक वही तो हमारे हमराज हैं।

• दरख़त •

दिल-ए-दरखत पर, हमने तुम्हें बसा रखा है,
हर आँधी और तूफान में, चिराग़ जला रखा है,
हम तो देते हैं इस दरखत पर, हर पल पनाह,
तुमने ही ना जाने क्यों कहीं और आशिया बना रखा है।

• चिंगारी •

तुझे इश्क में दीवाना बनाने का दम रखते हैं,
अपने दिल में रखी प्यार की चिंगारी से तेरी मोहब्बत का दीया
जलाने का दम रखते हैं,
बस इंतज़ार है हवा के एक हल्के झोंके का,
हम उस प्यार की चिंगारी से तुझे शमा,
और खुद को परवाना बनाने का दम रखते हैं।

• ज़ख्म •

कहते हैं गम पीने से,
ज़ख्म हरे हो जाते हैं,
लेकिन कुछ गम,
किसी की याद बन,
दवा भी बन जाते हैं।

• अधूरी •

माना की बात अभी अधूरी है,
दो दिलों में अभी दूरी है,
रही होगी उनकी और अपनी कोई मजबूरी,
वरना चाहत तो अभी पूरी है।

• वादा •

तेरे वादे पे यकीन करने को जी करता है,
लब खामोश हैं फिर भी नज़रें मिलाने को जी करता है,
मुझे पता है की तू हो नहीं सकती मेरी,
फिर भी ना जाने क्यों तुझे पाने को जी करता है।

• गुमान •

कांटों से दोस्ती सीख लोगे जिस दिन,
फूलों पे तुम्हें गुमान न होगा,
फिर हर लम्हा तेरा आसान होगा,
और हर किसी को तुझ पे गुमान होगा।

• परिंदा •

मन एक घायल परिंदा है,
ना उड़ सकता ना बैठ सकता,
फिर भी ना जाने क्यों ज़िंदा है,
मन एक घायल परिंदा है,
उड़ने की चाह में वो दिन रात तड़पता है,
उम्मीदों के पंख फैलाकर उड़ने की कोशिश करता है,
फिर भी ना जाने क्यों वो दिन रात भटकता है,
मन एक घायल परिंदा है,
छू लेगा वो एक दिन आसमां इस उम्मीद पे ही वो ज़िंदा है,
मन एक घायल परिंदा है।

• हसरत •

इन हसरतों भरी महफ़िल में कुछ पल गुजार लेने दो,
इन हसरतों भरे पेमाने से कुछ जाम छलका लेने दो,
इन हसरतों भरी निगाहों से ढूंढते हैं जिसे जमाने में,
छुप बैठे हैं न जाने क्यों वो कौन से ठिकाने में,
एक यही हसरत है दिल में,
दीदार उनका हो जाए,
जब भी मिले हम उनसे तो प्यार उनसे हो जाए।

• अधूरी कविता •

मेरी अधूरी कविता का सार हो तुम,
मैं इस पार और उस पार हो तुम
 मेरी बंद पलकों में एक छवि तुम्हारी,
तेरे कोमल हाथों को छुने का एहसास हो तुम,
ना जाने कई पल बीत गए,
उन बीते पलों की याद हो तुम,
जी लू तुम्हें मैं हर पल,
उन जीते हुए पलों की फ़रियाद हो तुम,
मेरी अधूरी कविता का सार हो तुम,
मैं इस पार और उस पार हो तुम।

नीतिवचन

• तवज्जों •

हर किसी को तवज्जों देना आसान नहीं होता,
जो दिल में होता है,वो कभी मेहमान नहीं होता।

• वजह/बेवजह •

ख़्वाब जब हक़ीक़त की जगह ले जाता है,
इंसान जब यूं ही बेवजह मुस्कुराता है,
तो समझ लो वजह- बेवजह,
उसे इबादत- ए वफा मिल गई।

• धैर्य •

हर अफसाने पर तेरा अंजाम लिखा है,
ना जाने कब किस शह पर तेरा नाम लिखा है,
धैर्य और विश्वास में छिपा है,तेरा हर राज़,
थाम ले बस तू इसका दामन,मत होना अधीर,
मिल ही जाएगा एक दिन तुझको,
जो लिखा है तेरी तकदीर।

• हया •

कहते हैं शर्म हया एक गहना है,
आजकल गहने पहनने का रिवाज़ नही।

• ठोकर •

माना कि ठोकर लगने से, तस्वीर बदल जाती है,
रहमत हो उसकी तो तकदीर बदल जाती है,
मायूस होने से कुछ नहीं होता है,
हौंसले बुलंद हो तो ताबीर, बदल जाती है।

• अकड़ •

जो मजा है, झुक जाने में,
नहीं है वो, अकड़ दिखाने में,
झुकने से ही फल लगते हैं, बगानों में,
अकड़ तो रहती है, सिर्फ चट्टानों में,
झुक कर जो मजा है, उठ जाने में,
क्या मजा है, टूट कर बिखर जाने में।

• रंजिश •

जिंदगी कभी मखौल, तो कभी हसीन नज़र आती है, रंजिशे दिल
में हो अगर तो, जहां की हर खुशी भी गश खाती है

• चेहरा •

चेहरों की इस भीड़ में, हर चेहरा खास है,
खुदा की बनाई इस कुदरत का, अपना ही एक अंदाज़ है,
रोता, गाता, हँसता मुस्कराता हर चेहरा का अपना ही है रूप,
वाह रे खुदा तेरी कलाकारी, क्या बनाया है तूने खूब।

• कर्म •

कोई नहीं जानता उसके कर्म बुरे हैं या अच्छे,
हम तो बस जानते कि हम तो हैं बस दिल के सच्चे,
बाकी वही जानता हमारे कर्मों का हिसाब,
क्योंकि उसी ने लिखी है हमारे कर्मों की किताब,
होंगे हमारे कर्म भी कुछ बुरे और अच्छे, पीछे का तो पता नहीं
हमको कुछ नहीं है याद,
आगे के कर्म अच्छे बनाने में हम रखते विश्वास।

• संस्कार •

लहज़ा -ए तहज़ीब किसी शह के मोहताज नहीं, ये संस्कार हैं
जनाब,कोई अनकही किताब नहीं।

• खिलवाड़ •

तू भर उड़ान दुनिया की,
वक्त को तू बर्बाद न कर।
हर काम कर तू वक्त पे,
वक्त से यूँ खिलवाड़ न कर।

• डूबना •

जो मज़ा तैरने में है, वो डूबने में कहाँ,
जो मज़ा जीने में है, वो मरने में कहाँ,
जो मज़ा हँसने में है वो रोने में कहाँ,
जो मज़ा पाने में है वो खोने में कहाँ,
माना की राह कठिन है, मगर तू हँसकर गुज़र ले ज़िंदगी,
और पार करके पाले अपनी खुशियों का जहाँ।

• मिट्टी •

मिट्टी ने मिट्टी से पूछा क्या तेरी औकात? एक दिन मिल जायेंगे
हम दोनों, रह जायेगी बस बिसात।

• बेहतर •

ज़िंदगी में हर शय बेहतर है, बस उसे बेहतरीन बनाना बाकी है,
ए ज़िंदगी, तुझे थोड़ा सा और आजमाना बाकी है,
तूने तो हमें लाख आजमाया, हम तो नहीं हारे हैं।,
देखे अब तुझे आजमा कर हम कितने हुए तुम्हारे हैं।

• सोच •

सोच सोच में फर्क है प्यारे,
कोई सोचे तन है सुंदर, कोई सोचे मन,
कोई सोचे ये धरती सुंदर तो कोई नीला गगन,
कोई कहे ये फूल है सुंदर,
कोई कहे ये उपवन,
मैं तो कहती हर सोच हो सुंदर ना दुखे किसी का मन।

• ठहराव •

भाग रहा है, आज हर कोई, ना जाने कहां पड़ाव है?
समझ न पाया है, वो पगला कि संतोष में ही ठहराव है।

• फ़र्ज़ •

यूँ तो जिन्दगी में कई लम्हे हैं अर्ज,
कई मोहब्बत भरे फ़साने, तो कुछ शिकायतें भी हैं दर्ज।
टूट कर बिखरना, बिखर के संभलना आ जाता है जिसे,
वही निभा पाता है जिन्दगी का हर फ़र्ज़।

• मुक़द्दर •

हर इंसान का मुक़द्दर उसे कई खेल खिलाता है,
किसी का मुक़द्दर जल्दी तो किसी का देर से चमकता है,
मिलना तो हर किसी को है, ये मुक़द्दर की बात है,
किसी की राह आसान तो कोई मुश्किल से पाता है।
जीत लेता है जो हार के बाजी, वही एक दिन
मुक़द्दर का सिकंदर कहलाता है।

• सबक •

सबक जब आ जाएगा, खुद से खुद को आज़माने का,
मुसव्वर हर शै मुकम्मल हो जाएगी,
बस सीख ले जज़्बा-ए- हुनर एक मुस्कुराने का।

• मामूली •

किसी को ना समझो मामूली,
हर शख्स में कोई बात होती है,
सबको बनाया है ईश्वर ने,
उसकी बनाई हर शय खास होती है।

• गर्व •

गर्व अभिमान ये बदल देते हैं पहचान,
किसी को गर्व पैसे का, तो किसी को ज़र और दुकान,
मुझे गर्व अपने बच्चों पे, वही मेरा गुमान,
गर्व मेरे भगवान पे जिसने दी हमको पहचान,
गर्व करो हर उस चीज़ पर जो ना करवाए तुमको अभिमान,
गर्व करो उस दाता पे जिसने बनाए हर इंसान।

• परख •

हीरे को परखने के लिए पारखी नजर जरूरी है,
किसी को समझने के लिए ताउम्र भी थोड़ी है।

• उड़ान •

ऊँची हो चाहे, जितनी तेरी उड़ान,
पंख फैलाओ, लाख चाहे आसमान,
अपनी जड़ों से बनाए रखना तुम पहचान,
क्योंकि एक दिन तुम्हें वही मिलेगा विश्राम।

• शब्द •

शब्द ही हैं तीर और शब्द ही तलवार,
शब्द ही हैं फूल और शब्द ही हैं हार,
शब्द में ही छिपा प्रेम और तकरार,
शब्द में ही ध्वनि और शब्द ही झंकार,
शब्द ही हैं जो करवाते हर बात का एहसास,
शब्दों की इस नगरी में ना जाना तुम हार,
शब्द ना बोलो ऐसा जो करे किसी का तिरस्कार।

• सबर •

ज़िंदगी ने जो थामा सब्र का साथ, तो इम्तेहान भी परेशान है,
सोच में है वो अब की ये इंसान है, या इंसान में भगवान है।

• मोहताज़ •

मेरी शख़्सियत, मेरा निराला है अंदाज़,
हौसले बुलंद हों तो, एक दिन मिल जाता है ताज,
झुकता है ये सिर बस, उस खुदा के आगे,
वरना हम नहीं हैं किसी के मोहताज़।

• नशा •

हर कोई है आजकल नशे में चूर,
किसी को मोहब्बत का नशा तो किसी को जवानी का सुरूर,
किसी को जाम का नशा तो किसी को दौलत का है गुरूर,
किसी को खोने का तो किसी को पाने का नशा,
किसी को चलने का नशा तो किसी को उड़ने का नशा है भरपूर,
किसी को लिखने का नशा तो किसी को गाने का नशा,
किसी को सुनने का नशा तो किसी को सुनाने का नशा,
हर नशा है अपने आप में अच्छा,
लेकिन इन सब में होना ना तुम किसी से दूर।

• किरदार •

इस रंगमंच की दुनिया में हम किरदार निभाने आए हैं,
लिखेंगे हम अपना किरदार अपनी ही कलम से,
जाएँगे इस जहाँ से तो याद करेगा ज़माना हमें अदब से।

• फोन •

आजकल हर कोई फोन में खोने लगा है,
ना चाहते हुए भी वो उसका होने लगा है,
माना की ये है हर फसाद की जड़,
फिर भी ये आजकल हर जड़ को जोड़ने में लगा है।

• बेवजह •

बेवजह कुछ भी नहीं होता दुनिया में
हर बात की कोई वजह होती है,
कोई नहीं मिलता दुनिया में किसी से
हर मुलाक़ात की वजह होती है,
माँ का बच्चों से मिलना दुलार की वजह होती है,
पति का पत्नी से मिलना प्यार की वजह होती है,
भक्त का प्रभु से मिलना आभार की वजह होती है,
बेवजह मिल भी जाए कोई गर,
उसमें भी मुलाक़ात की वजह होती है।

• जाम •

जाम से जाम टकराने से जो होती दोस्ती,
तो फिर कोई आज किसी को ग़ैर ना समझता,
अगर होता नशा प्यार का इसमें,
तो फिर ये रात को चढ़कर सुबह काफ़ूर ना होता।

• बात •

बात करने से ही बात बनती है,
वरना तो फसाने बन जाते हैं,
गैरों की क्या बात करें हम,
अपने भी बेगाने बन जाते हैं।

• एहसास-ए जिंदगी •

एहसास -ए जिंदगी का मज़ा ही,कुछ और है,
कभी ख्वाइशों की सरगम,तो कभी हकीकतों का शोर है,
कभी तन्हाई का आलम,तो कभी महफिलों का ज़ोर है,
हंस कर जो बीते तो जिंदगी कोहिनूर है,
वरना जिंदगी सजा - ए बेनूर है।

• मृग •

समय का मृग यूँ भागा जाए,
लाख चाहों पर, हाथ न आए।
कस्तूरी सा वो महक रहा, न जाने क्यों मन को भाए।
थमना चाहे हर कोई इसको अपनी ही इन बाहों में,
मृगतष्र्णा सा मन को लालचाए,
समय का मृग यूँ भागा जाए, लाख चाहों पर हाथ न आए।

• दयालु •

तुम बनो दयालु वाणी से,
करो सब से मधुर व्यवहार,
तुम बनो दयालु हाथों से,
करो सबका सत्कार,
तुम बनो दयालु मन से,
करो जग में सबसे प्यार,
दयालुता को बना लो तुम अपना जानो,
तो जीवन में तुम्हें मिलेगा हर पल सकून।

• पैसा •

हर सुकून-ए-दिल की पहचान, पैसा तो नहीं,
मिल जाए हर खुशी, जहाँ में ऐसा तो नहीं,
नींदों का न सौदा कर तू ए पगले,
माना कि कई ख्वाब, पूरे करता है ये पैसा,
मगर हर ख्वाब में, बस पैसा हो ये जरूरी तो नहीं।

• क्यों ना हम कुछ अलग बनें •

क्यों ना हम कुछ अलग बनें,
चाहत का एक दरिया बनें, लोगों की उम्मीदों का एक जरिया बनें,
कांटों भरी इस भीड़ में, महकते फूलों की एक बगिया बनें,
राह की हर मुश्किलों को हरा कर,
ख्वाहिशों भरी मुस्कुराती तितलियां बनें,
क्यों ना हम कुछ अलग बनें...

• जीत •

जीत हार तो जीवन के हैं दो पहिये,
जिसको देखकर लोगों के बस बदलते हैं नज़रिये,
हार पे जो होते दुखी, जीत पे ताली बजाई है,
ये तो हर इंसान के जीवन की सच्चाई है, ये तो मन की
सोच पे निर्भर हार जीत की लड़ाई है,
जीतेंगे हम भी एक दिन बाज़ी हमने भी कसम खाई है।

• सौदागर •

इस महरूम जमाने में कोई तन का सौदा करता है,
तो कोई मन का,
कोई ज़मीन का तो कोई धन दौलत का,
कोई किसी के अरमानों का तो कोई किसी के जज़्बातों का,
यहाँ हर चीज बिकती है यारो,
हमें तो तलाशं है एक सच्चे सौदागर की, जो ख्वाब बेचता हो,
जिसे पाने के लिए हम बेमोल बिक जाएँगे।

ज़िंदगी का सफ़रनामा

• मुकम्मल •

मुकमल चाह अधूरा ख़्वाब,
ये जिंदगी है या नूर -ए आफताब।

• मंजिल •

मंज़िल-ए जिंदगी की तलाश में,
कई कारवां बनते गए,
कुछ साथ चले ,
तो कुछ राह बदलते गए।

• खेल-कूद •

बचपन में होता था खेल-कूद,
जवानी में बस रह गया खेल।
हर कोई लगां हार जीत में, कोई पास तो कोई फेल,
जीवन की इस भागदौड़ में, आदमी बन गया अब एक रेल।
भाग रहा है हर कोई धुन में, ना ही होता अब कोई मेल,
बचपन में होता था खेल-कूद, जवानी में बस रह गया खेल।

• फ़ुर्सत •

फ़ुर्सत में बैठे, तो यादों की तिजोरी हाथ लग गई,
वरना तो हम समझते थे कि हम कंगाल ही हैं।

• बेपनाह •

बेपनाह खवाइशें भी,
कभी-कभी नासूर बन जाती हैं,
जिंदगी फिर जिंदगी ना रह कर,
एक काफ़िर बन जाती है।

• फ़िकर और जिकर •

उनकी हर ख्वाहिश का एहसास हूँ मैं,
न जाने कितनी रातों का हिसाब हूँ मैं,
फूल तो हूँ मैं उनकी बहार का,
बंद किताब में रखा, एक गुलाब हूँ मैं।
तौम्र करते रहे वो मेरी फिक्र,
पर न जाने कर नहीं पाएं कहीं वो मेरा जिक्र।

• समझ •

जीवन के हर सफ़हे पे, फ़लसफ़ों का फ़साना है,
कुछ आया समझ, तो कहीं नासमझी का बहाना है।

• लफ्ज़ •

हमारी हर बात का मतलब,
बेगाना सा हो गया,
लगता है जैसे,
हर लफ्ज़ अनजाना सा हो गया।

• अफसाना •

जिंदगी अफसानों की जुबानी है,
कहीं तरन्नुम तो कहीं रुमानी है,
हर अफसानों के अल्फाज़ बयां करते हैं,
कभी उनकी तो कभी, अपनी ये कहानी है,
जिंदगी अफसानों की जुबानी है,
कहीं तरन्नुम तो कहीं रुमानी है।

• वजह •

ना जाने क्या वजह है, हम ऐसे हैं,
लाख करे कोई शिकवा, हम फिर भी वैसे के वैसे हैं।

• आईना •

दिल में दर्द, चेहरा गुलाब नज़र आता है,
देखोगे आईना करीब से, तो हर दाग नज़र आता है,
देख आईना, मुस्कुरा के जिंदगी का,
उसमें हर एक उज्ज्वल ख्वाब नज़र आता है।

• कशिश •

तुझे चाहने की तुझे पाने की कशिश रखते हैं,
ए ज़िंदगी तुझे हर हाल में आज़माने की कशिश रखते हैं,
दिल तो दरिया है डूब जाने की कशिश रखते हैं,
यूँ तो हर ख्वाहिश में है कशिश तेरी,
मर भी जाएँ तो तुझे फिर से पाने की कशिश रखते हैं,
ए ज़िंदगी तुझे हर हाल में आज़माने की कशिश रखते हैं।

• सीख •

सीखा ही देती है, जिंदगी जीने का अंदाज़,
कुछ अपनों का तजुर्बा, कुछ अपने हालात।

• कितना मैं बदलूं खुद को •

कितना मैं बदलूं खुद को, कुछ तो तुम भी बदल जाओ ना,
आ गई हूँ मैं तो पास तुम्हारे, कुछ तो तुम भी करीब आओ ना,
सांसों की इस डोरी में कुछ डोर खिंची सी लगती है,
वैसे तो हर शै है पूरी, मगर फिर भी अधूरी सी लगती है।

• गुफ्तगू •

अब तक तो करते थे गुफ्तगू ख्यालों में,
आज हम उनसे मिले कई सालों में,
फिर से वो हंसी दौर आ गया,
गुफ्तगू का वही जोर छा गया,
जुस्तजू यही है गुफ्तगू का दौर यूँ ही चलता रहे,
महफ़िलें रंगीन यूँ ही करती रहे।

• जिंदगी के पन्ने •

ज़िंदगी को ज़िंदादिली से जीने की किताब हूँ मैं,
कभी फुर्सत हो तो पढ़ के देखना,
बशर्ते कोई पन्ना ना छूटने पाए।

• कसूर •

कसूर ना उसका था ना हमारा,
ना जाने क्यों दिलों ने किया किनारा,
लगता है वक्त का है खेल सारा,
ना वो उसका हुआ, ना हमारा।

• जिंदगी •

यह जिंदगी कभी लगती है पूरी, तो कभी लगती अधूरी,
जिंदगी में हँसना ही नहीं हर पल,
रोना भी होता है ज़रूरी,
हँसी के पल तो जिंदगी में बहार लाते हैं,
आँसू भी कभी-कभी दिल को क़रार दे जाते हैं,
हम तो हमेशा हँसी के गीत गाते हैं,
आँसू भी आकार कभी-कभी दिल के तार बजा जाते हैं।

• अहमियत •

अहमियत क्या है, तुम्हारी हमारी जिंदगी में,
ये हम तुम्हें बता नहीं सकते,
दिल में बस एक तुम हो, ये राज़ हम दबा नहीं सकते,
तुम ही हो हमारे जीवन की हर तमन्ना,
बस तुम्हें हम दिल चीर कर दिखा नहीं सकते।

• यौवन •

बचपन बीता आया यौवन अब है ढलती शाम,
रखो अपना तन मन यौवन रहोगे सदा जवान,
उम्र तो है बस एक पड़ाव कभी ना मानो हार,
हर पल हँसकर जीना सीखो रहो सदा खुशहाल।

• चर्चा •

कल तक तो थे हर घर में चर्चे हमारे, आज हम गुमनाम हो गए,
कल तक तो थे हम उगता सूरज, आज ढलती शाम हो गए,
ये तो वक़्त का है खेल सारा कल तक तो थे हम काम के,
आज बस हम नाम के हो गए।

• ताश के पत्ते •

ताश के पत्तों सी है ज़िंदगानी हमारी,
कभी बिखरी कभी सिमटी तक़दीर हमारी,
आज हम हुए जोकर तो क्या,
हम भी बाज़ी बदलने का दम रखते हैं,
जिस दिन चलेगा हमारे हुक्म का इक्का,
उस दिन चलेगा हमारा भी सिक्का,
उस दिन बाज़ी हमारे हाथ होगी,
और बादशाह के साथ बेगम भी साथ होगी।

• वक्त का पंछी •

वक्त कब पंछी बन जाता है,पता ही नही चलता,
ख़ामोश सा कब गुज़र जाता है,पता ही नही चलता,
सोचा था बांध लेंगे कुछ हवाओं को आंचल में,
कब तूफ़ान सा आता है, पता ही नही चलता,
रोशन था कभी दर हमारा महफ़िल - ए गलियारों से,
अब सब भाग रहे हैं, जाने कौन सी कतारों में,
अब तो लगता है जैसे वक्त थम सा गया है,
पंछी सा उड़ गया है, या हममें ही कुछ रम सा गया है,
पता ही नहीं चलता।

• किताब •

दास्ताने जिंदगी की किताब में कितने सुनहरे पल छिपे हैं,
कुछ सुलझे तो कुछ उलझे किस्से हैं,
कुछ यादें तो कुछ आने वाले पल लिखे हैं,
इस किताब का हर पन्ना रंगीन होगा,
हंसी खुशी का पल और सपना हंसिन होगा,
जब भी पढ़ना तो फुर्सत से पढ़ना,
क्योंकि हम तो खुली किताब हैं,
और हमारी जिंदगी की कहानी लज़वाब है।

• ढलती उम्र •

ढलती उम्र ने किया हमसे एक सवाल,
क्या तू खुश है जिंदगी से?
या फिर तेरे मन में है,अभी भी कोई खयाल?
दिल ने फिर हंसकर दिया उसे ये जवाब,
कर लिए जिंदगी ने कई ख्वाब पूरे,
मगर कई उम्मीदों का काफ़िला अभी बाकी है,
हो अगर तेरा साथ तो ,
रंगे महफ़िल की शान तो बस , एक तू ही मेरा साकी है।

• जाने कहां गए वो दिन •

जाने कहां गए वो दिन,
वो खुशी के पल वो रौनक,
सब कुछ है ,आज धुआं धुआं,
शोर तो है, मगर ख़ामोश सा,
जैसे कोई पल अनछुआ,
वो सिमटी यादें,वो सुनहरे पल,
जैसे कोई ख़्वाब पूरा न हुआ,
इस भाग दौड़ की दुनिया में ,
ना जाने कब क्या छूट गया,
कहने को तो सब कुछ है,
मगर फिर भी है खाली,
जैसे कभी कोई अपना ना हुआ।

• फलसफा -ए जिंदगी •

जिंदगी का सफर भी,न जाने क्या रंग लाता है,
कुछ पाने की चाह में,कुछ तो छूट जाता है,
सपना है तो हकीकत का दामन, छूट जाता है,
हकीकत है तो, खामोश निगाहों सा सागर नजर आता है,
फुर्सत की चाह में, वक्त ना जाने कहां निकल गया,
फुर्सत है तो अब तन्हाई का शोर नज़र आता है
ना जाने क्यों हर शह हाथों से निकल जाती है,
वक्त तो अब फिसलती रेत सा नज़र आता है,
जिंदगी का सफर भी न जाने क्या रंग लाता है,
कुछ पाने की चाह में कुछ तो छूट जाता है।

• किश्तों में जी रही हूं •

ये जिंदगी नही आसान,मगर फिर भी जी रही हूं,
एहसास हैं तो ख़्वाब अधूरे,
ख़्वाब हैं तो जज़्बात अधूरे से लगते हैं,
हर ख़्वाब को एहसासों के मोती से पिरो रहीं हूं ।
मैं जिंदगी को बस किश्तों में जी रही हूं........

मंज़िल तो है मगर रास्ता नहीं,
रास्ता है तो हर मोड़ पर ना जाने कहां खो रही हूं ।
मैं हर रास्ते को अपने,
होंसलो की बुलंदी से खोज रही हूं ।
मैं जिंदगी को बस किश्तों में जी रही हूं........

वैसे तो जिंदगी एक हँसी सहेली सी लगती है,
फिर भी न जाने क्यों एक पहेली सी लगती है,
मैं हर पहेली को ईश्वर की बंदगी से सहेज रही हूं ।
मैं जिंदगी को बस किश्तों में जी रही हूं.........

ये जिंदगी नहीं आसान मगर फिर भी जी रही हूं।

प्रकृति

• छांव •

ऐ ज़िंदगी तेरी छांव में, जो सिमट के बैठे तो गुरूर आ गया,
तजुर्बा-ए-ज़िंदगी में तप के निखरे तो सुरूर आ गया।

• सर्दी •

इस सर्दी कुछ ऐसी बहार आ जाए
सर्द मौसम में बारिश की फुहार आ जाए
तड़पते दिल को क़रार आ जाए,
कुछ ऐसा हो कि संग परिवार आ जाए,
और गर्म गर्म चाय के साथ पकोड़ों का थाल आ जाए।

• झरना •

ये झरना हमें हर पल कुछ सिखलाता है,
कैसे है जीवन को जीना, हमें ये बतलाता है,
रास्ते में आए जो पत्थर, चट्टान, कभी न ये रोक पता है,
कल कल बहता ये झरना, हमें मधुर संगीत सुनाता है,
कभी न भटकें अपनी डगर, हर मंजिल को पता है,
ये झरना हमें हर पल कुछ सिखलाता है,
कैसे है जीवन को जीना, हमें ये बतलाता है।

• दाग •

दाग दिल में लगा के, रोशन किया जमाना है,
ए चांद तेरे हुनर से हमने भी बहुत कुछ जाना है।

• डोर पतंग •

एक डोर खरीदी थी, और लाए थे कई पतंग,
मन झूम उठा था खुशी से, और हो गए थे मस्त-मलंग,
फिर आया याद हमें, कि खो गया कहीं बचपन,
ना कोई संगी साथी, और न किसी का संग,
रह गई बस अब यादें, टूटी डोर और कटी पतंग।

• परछाई •

पानी में जो देखा अक्स,
तो समझने लगे वो करीब है,
मगर क्या जानते थे कि ,
खुद की परछाई भी कभी साथ,
तो कभी नाराज़ हो जाती है,
एक हम ही नहीं वो भी
अंधेरे से थोड़ा घबराती है।

• सुंदरता •

आईना बयां करता है, केवल तन की सुंदरता,
मन की सुंदरता के लिए तो सीरत को चमकाना पड़ता है।

• पंखुड़ी •

नाज़ुक फूल समझ हमें, पंखुड़ी सा बिखरा दिया,
हमने भी हौंसलों की खुशबू से,
हर ख्वाब को महका दिया।

• पतझड़ •

हम तो वो हैं जो पतझड़ में भी बहार देखते हैं,
जो बिछड़े हैं उनमें भी प्यार देखते हैं,
क्योंकि पतझड़ के बाद ही नए पत्ते हैं खिलते,
और सावन में ही दो दिल हैं मिलते,
पतझड़ सावन बसंत बहार यही तो है,
जीवन का उपहार इन्हीं से रहता है हर पल गुलज़ार।

• तारे •

तारों से लिपटी चादर में ये चाँद मुस्कुराता है,
हम भी खो जाएं उनकी आगोश में ये दिल हमारा चाहता है,
मगर न जाने नींद से कितना दूर हमारा नाता है,
इन तारों को गिनने में ही ये वक्त गुजर जाता है,
हम भी खो जाएं उनकी आगोश में ये दिल हमारा चाहता है।

• गुलाब •

ए ज़िंदगी तेरे जीवन में भी बहार आ जाए,
गुलाब की तरह तू महके, और तुझे क़रार आ जाए,
रंग-बिरंगे गुलाबों की तरह हो तेरा गुलिस्तां,
ग़म से न रहे तेरा अब कोई वास्ता,
महक उठे तेरा ये सारा जहां।

संघर्ष

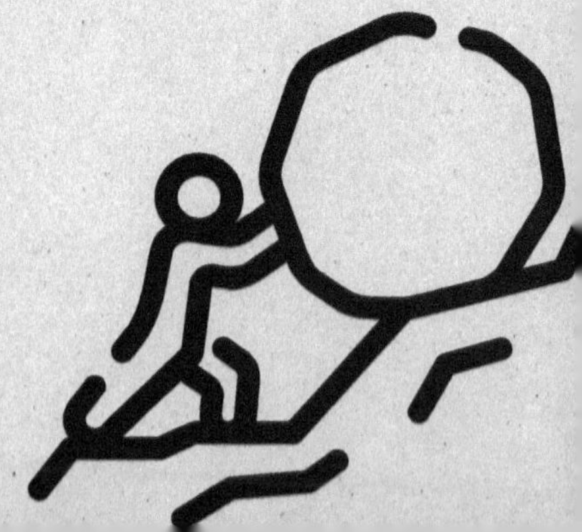

• नज़्म •

तेरे हुस्न की तारीफ़ में, लिखने बैठे थे नज़्म कोई,
कमबख्त लफ्ज़ों ने, अल्फाजो से बगावत कर ली।

• रूसवाई •

यूं तो मोहब्बत में रुसवाई मिलना लाज़िम है,
फिर भी ना जाने क्यों ये गुनाह कर बैठे,
तेरी मोहब्बत की चाह में,
बेवजह खुद को फना कर बैठे।

• औकात •

तेरी औकात के आगे मेरी न कोई औकात,
तू ही संवारें हमारे बिगड़े हुए हालात,
हम तो थे काफिर तूने काबिल बना दिया
हमें तूने औकात का मतलब समझा दिया।

• चिराग •

हमने तो हर एहसास को सीने में दबा रखा है,
लबों पे मुस्कान और चिराग तूफानों में जला रखा है।

• चादर •

इश्क के बाज़ार से, खरीदी थी हमने, मोहब्बत की चादर,
तेरी बेवफ़ाई ने मगर, हमें सोने ना दिया,
आने लगी थी आंखों में, हल्की सी ख्वाहिशों की झपकी,
कम्बख्त तेरी रुसवाई ने वो भी होने ना दिया।

• करवट •

करवटें बदल बदल के बीत गई रात,
ना ही आई नींद और ना ही आए ख्वाब,
ना कोई उमंग है ना कोई जज्बात,
ना जाने नींद उड़ा के खड़ी है कौन सी हिजाब।

• बवाल •

ए- जिंदगी तूने ना जाने, क्या बवाल मचा रखा है,
ढूंढ़ते हैं जवाब कहीं, तूने हर जवाब पे एक सवाल उठा रखा है।

• इल्म •

हर बात का हो इल्म उनको, ये ज़रूरी तो नहीं,
बेपरवाह नाम की भी कोई शय होती है।

• सुलगते अल्फ़ाज़ •

अपने अल्फाज़ों को उसने, कुछ ऐसा सुलगा दिया,
हम तो हँसने में थे माहिर, ना जाने कैसे हमें रुला दिया,
लफ़्ज़ जो बने उसके तीर, कातिल खुद को बना लिया,
हमने तो बिठाया था उसे दिल में,
उसने खुद को नज़र से गिरा लिया।

• नींद •

नींद हमारी न जाने कहां खो गई,
हम रात भर जागते रहे, वो और किसी की हो गई,
होटी थी जब पास हमारे, कई ख्वाब हम देखते थे,
रूठ कर न जाने क्यों वो बेगानों सी हो गई,
अब रात तो क्या दिन का भी चैन ले गई, ये नींद हमारी न जाने कहां खो गई।

आशा की किरण

• शिकायत •

इबादत करने से हर बात बन जाती है,
जो हो उसकी इनायत, तो हर शिकायत भी रंज खाती है।

• खूबियां और खामियां •

खूबियां भी अपनी खामियां भी अपनी
जानें तू क्यों फिर भी हताश है,
खोज ही लेगा तुझमें वो,
उसे जिसकी तलाश है।

• मोड़ •

हर जज़्बा हर जज़्बात अभी बाकी है,
जिंदगी जीने का अंदाज़ अभी बाकी है,
क्यों ना मुश्किलों की दीवार हम तोड़ दें,
आ जिंदगी तुझे आज एक नया मोड़ दें,
राह हो जहाँ आसान एक नया छोर दें,
आ जिंदगी तुझे आज एक नया मोड़ दें।

• इंतज़ार •

तेरे इंतजार में ग़ालिब, ये रात कितनी लंबी है,
कहीं भटक न जाए तो रास्ता इसलिए उम्मीद के दिए जला रखे हैं।

• पैमाना •

छलक ना जाए कहीं पैमाना ,
हमारे अरमानों का,
इसलिए थाम लिया हमनें दामन,
उम्मीद के मयखानो का।

• अरदास •

मेरी अरदास तेरे आगे तू सब दी लाज़ बचाए रखी,
मैं भी हां तेरे दर ते तू सानू ना भुलाए रखी,
आसां करदे सबदी पूरी किन्हूं ना रुलाए रखी,
आज नहीं ते कल कर पूरी बहुतां इंतज़ार ना कराई रखी,
अरदासा पूरी करन वेले होण ना कोई ढिलाई रखी,
मेरी अरदास तेरे आगे तू सब दी लाज़ बचाए रखी।

• खुदा की रहमत •

ए जिंदगी, तुझे गुनगुनाने का मन करता है,
हर अश्क -गम में मुस्कुराने का मन करता है,
तू खुदा की ऐसी रहमत है,
मरने से पहले तुझे जी जाने का मन करता है।

• नशा •

मुझे देख मेरे ग़म बोले, क्या नशा है तुझे जमाने का?
पीना है तो रहमत का नशा पी,
फिर तू ना में में रहेगा, ना मयखाने में,
झूम उठेगा दिल तेरा बस, उसके ही तराने में।

• कल्पना •

कल्पना के पंख लिए, उड़ चली मैं आसमान,
छू लेंगे एक दिन, हम तारों भरा ये जहाँ,
एक दिन होगा चाँद हमारी मुट्ठी में,
होगा एक दिन आसमान पे अपना भी आशिया,
कल्पना के पंख लिए उड़ चली मैं आसमान।

• बेरुखी •

माना की बेरुख़ है अभी ज़माना हमसे,
मगर तेरी चाहत के आगे, उनकी ये बेरुखी ना काम आएगी,
जिस दिन होगी तेरी नज़र हमपे,
उस दिन उनकी भी नज़रें झुक जाएँगी।

• तमन्ना •

एक दिन इन तमन्नाओं की महफिल में हम भी रंग जमाएंगे,
हर तमन्ना पूरी होगी हमारी ये सबको दिखाएंगे,
आशाओं की टोकरी से हर फूल हम खिलाएंगे,
एक दिन इन तमन्नाओं की महफिल में हम भी रंग जमाएंगे।

• दामन •

तेरी चाह में हम कुछ यूं फ़ना हो बैठे हैं,
थामा है तेरा दामन जब से,
खुद से जुदा हो बैठे हैं,
अब तो बस एक तू ही रहनुमा, और न कोई सहारा है,
मेरी कश्ती भी तू, मझधार भी तू, और तू ही मेरा किनारा है।

• मजधार •

माना कि हमारी कश्ती खड़ी है मझधार में,
फिर भी न कोई ग़म, क्योंकि पतवार तो है तेरे हाथ में,
हमें तो है यकीन तू पार लगाएगा,
इस मझधार से साहिल तक पहुंचाएगा।

• पिया •

रंगों की दुनिया का है,
तू ही एक सर्ताज, मैं तो हूँ बस एक मौन,
और तू मेरी आवाज़, मैं तो हूँ धरती सी गीली मिट्टी,
तू मेरा नीला आकाश,
दिल की हर धड़कन में बस, तेरा ही है राज़,
भटक जाते हैं हम जिन राहों में,
थाम लेता है तू अपनी पनाहों में,
ना लफ्ज़ हैं ना कोई अल्फाज,
बस एक तू ही मेरे जीवन का साज़,
मैं बाती तो तू है, मेरा दिया,
बस एक तू ही है मेरा पिया.........
बस एक तू ही है मेरा पिया.........

• बेटी •

कई चिराग हुए हैं रोशन,
एक तेरा आना बाकी है,
फूल तो खिले हैं मेरे आँगन,
नई कली का, महकना बाकी है,
आई हो तुम, इस बगिया में,
आना तुम, एक बहार बनके,
महका देना मेरा आँगन,
बस जाना इस दिल में। प्यार बनके।

• भजन •

फुर्सत निकाल कर जरा एक नजर देखो तुम,
कहीं तेरी याद में न निकल जाए हमारा दम,
फुर्सत निकाल कर ---
ये ना हो कि तुम्हारी भी आँखें हो जाएं नम,-2
माना कि तुझे चाहने वाले लाखों दीवाने हैं,
मगर हम भी तो नहीं तेरे लिए बेगाने हैं,-2
फुर्सत निकाल कर---
तुझे पाने की चाहत में दिन रात तड़पते हैं हम -2
कभी हमपे भी करो अपना रहम,
और करम फुर्सत निकाल कर ---

• मेख़ाना •

तेरे मखाने में आए कितने दीवाने,
पर हम जैसा न कोई दीवाना होगा,
वो तो कई जलते हैं मोहब्बत में,
पर हम जैसा न कोई परवाना होगा,
तेरे हुस्न के हम इतने आदी हो गए,
कि बिन पिए हम तो शराबी हो गए,
उतरता नहीं तुम्हारा ये सुरूर,
ना चाहते हुए भी हम हो गए मग़रूर।

• पत्थर •

पत्थर सी जिंदगी को पत्थर ही तारते हैं,
हम तो उसी पत्थर में तुझसे निहारते हैं,
पत्थर पे चढ़ के तूने सीता को है पाया,
पत्थर सी अहिल्या को तूने पार लगाया,
एक नज़र हमपे भी ज़रा डाल दे तो,
ना बन तू अब पत्थर, कर पार अब तो,
सबको है तारा हमें तार अब तो,
उठा के बना ले गले का हार अब तो।

• ईश्वर •

आजकल ईश्वर मेरे बगल में सोता है,
बदलती हूँ जो करवट तो ये एहसास होता है,
मूंदती आँखों में, बंद पलकों में न जाने कब वो खो जाता है?

आजकल ईश्वर मेरे.....

पूछता है जब मुस्कुरा के वो, क्या हर ख्वाब तेरा पूरा है?
कहती हूँ मैं पा लिया जब से तुझे, ना लगता कुछ अधूरा है।

आजकल ईश्वर मेरे.....

इस रंगमंच की दुनिया में, करतब जो तू दिखाता है,
डोर तेरे हाथों में, और अभिनय हमसे करवाता है।

आजकल ईश्वर मेरे.....

पूछती हूँ मैं भी उससे, क्या अभिनय हमारा देख के,
क्या कभी तेरा दिल भी बाग़-बाग़ हो जाता है।

आजकल ईश्वर मेरे.....